BEI GRIN MACHT SICH IHR WISSEN BEZAHLT

- Wir veröffentlichen Ihre Hausarbeit, Bachelor- und Masterarbeit

- Ihr eigenes eBook und Buch - weltweit in allen wichtigen Shops

- Verdienen Sie an jedem Verkauf

Jetzt bei www.GRIN.com hochladen und kostenlos publizieren

Klassifizierung von Wahlwerbespots als eigenständige Textsorte

Falk Kurt Bräcklein

GRIN

Bibliografische Information der Deutschen Nationalbibliothek:

Die Deutsche Nationalbibliothek verzeichnet diese Publikation in der Deutschen Nationalbibliografie; detaillierte bibliografische Daten sind im Internet über http://dnb.d-nb.de abrufbar.

ISBN: 9783346424372
Dieses Buch ist auch als E-Book erhältlich.

© GRIN Publishing GmbH
Nymphenburger Straße 86
80636 München

Druck und Bindung: Books on Demand GmbH, Norderstedt Germany
Gedruckt auf säurefreiem Papier aus verantwortungsvollen Quellen

Das vorliegende Werk wurde sorgfältig erarbeitet. Dennoch übernehmen Autoren und Verlag für die Richtigkeit von Angaben, Hinweisen, Links und Ratschlägen sowie eventuelle Druckfehler keine Haftung.

Das Buch bei GRIN: https://www.grin.com/document/1024667

Fakultat für Sprach-, Literatur- und Kulturwissenschaften
Institut für Germanistik
Lehrstuhl für Deutsche Sprachwissenschaft
35415 - Seminar „Dialogische Textsorten"
Wintersemester 2018/19

„Liebe Wählerinnen und Wähler!"

–

Klassifizierung von Wahlwerbespots als eigenständige Textsorte

Falk Bräcklein
Deutsche Philologie, Politikwissenschaft
und Geschichte (B.A.)
5. Fachsemester

Abgabedatum: 30.03.2019

Inhaltsverzeichnis

1. Vorbetrachtung...3

2. Der Wahlwerbespot als eigenständige Textsorte

    2.1 Methodischer Ansatz und Vorgehen...4

    2.2 Textsortenanalyse des Werbespots der Partei mut zur bayerischen Landtagswahl 2018

        2.2.1 Untersuchung der Kommunikationssituation...7

        2.2.2 Bestimmung von Textsorte und Textfunktion...8

        2.2.3 Untersuchung der thematisch-strukturellen und formal-grammatischen Merkmale........9

    2.3 Textsortenanalyse des Werbespots der APPD zur Bundestagswahl 1998

        2.3.1 Untersuchung der Kommunikationssituation...12

        2.3.2 Bestimmung von Textsorte und Textfunktion...13

        2.3.3 Untersuchung der thematisch-strukturellen und formal-grammatischen Merkmale........14

3. Fazit...16

4. Literaturverzeichnis...18

5. Anhang...21

1. Vorbetrachtung

Bei Wahlwerbung handelt es sich um eine Sonderform der Textklasse Werbung. Die Zielgruppe besteht nicht aus Konsument*innen – wie für (massen-)mediale Werbekampagnen üblich – die dazu animiert werden sollen, ein bestimmtes Produkt zu kaufen oder eine bestimmte Dienstleistung in Anspruch zu nehmen. Stattdessen zielt eine Wahlwerbung auf wahlberechtigte Bürger*innen ab, die dazu animiert werden sollen, der jeweiligen emittierenden Partei ihre Stimme zu geben.

Da Wahlen in der Bundesrepublik „allgemein, unmittelbar, frei, gleich und geheim" (Art. 38 GG) stattfinden, ist es jedoch schwierig bis nahezu unmöglich, die realen Auswirkungen von Wahlwerbung auf das Wählerverhalten zu ermitteln. Deshalb scheint bei Wahlwerbung zwangsläufig eher der olympische Gedanke „Dabei sein ist alles!" im Vordergrund zu stehen: die Verantwortlichen in den Parteizentralen wollen auf dem Werbemarkt nicht unsichtbar bleiben und hintanstehen, wenn vermeintlich alle anderen Bewerber*innen dieses Mittel der Kommunikation für sich nutzen.

Anders liegt der Fall bei Werbemaßnahmen in der freien Wirtschaft: Angenommen, ein Autohersteller würde eine breite Werbeoffensive für ein neues Modell auf sämtlichen verfügbaren Plattformen wie Sozialen Medien, Fernsehen, Radio und Print starten. Eine nachweisbare Steigerung der Verkaufszahlen im nachfolgenden Zeitraum würde daher empirisch nachvollziehbar für einen Erfolg der Kampagne sprechen.

Vor allem durch die freie und geheime Stimmabgabe bei einer Wahl ist der Nachweis über den Erfolg einer politische Wahlkampagne nicht ohne weiteres möglich, wenn überhaupt. Ein weit verbreitetes Bonmot hierzu lautet, dass man „Menschen nicht in die Köpfe schauen" kann – genauso wenig wie in die Wahlkabinen, erfreulicherweise. Deshalb verweist diese Arbeit für die Untersuchung des realen gesellschaftlichen und politischen Einflusses von Wahlwerbung an dieser Stelle auf weitergehende Studien in der Politikwissenschaft, der Soziologie, der Psychologie und der Medienwissenschaft.

Diese Arbeit konzentriert sich auf die textlinguistische Analyse von Wahlwerbespots. Dazu ist es zuerst notwendig, einen allgemeinen Textbegriff zu definieren. Klaus Brinker versteht unter einem Text „eine sprachliche und zugleich kommunikative Einheit [...], eine begrenzte, grammatisch und thematisch zusammenhängende (kohärente) Folge von sprachlichen Zeichen, die als solche eine erkennbare kommunikative Funktion (Textfunktion) realisiert" (Brinker 2008, 19-20). Da in den untersuchten Werbespots die Konstellation von zwei interagierenden Sprecher*innen zu beobachten ist, beziehe ich mich auf die Definition Brinkers, wonach ein Gespräch zu verstehen ist als „eine begrenzte Folge von sprachlichen Äußerungen, die dialogisch ausgerichtet ist und eine thematische Orientierung aufweist" (Brinker 2006, 11). Dialogizität wiederum beschreibt Wolgang Imo als „den Ansatz, Sprache grundsätzlich von ihrem tatsächlichen oder möglichen Potential ihrer dialogischen Wirkung her zu denken" (Imo 2016, 338).

Diese Arbeit soll herausstellen, ob Wahlwerbespots nach den Kriterien einer vollständigen Textsortenanalyse als eine eigene Textsorte anzusehen sind. Zu diesem Zweck wird zunächst der Frage nachgegangen, welche gemeinsamen inneren und äußeren Merkmale die untersuchten Spots aufweisen. Sind ähnliche Textfunktionen sowie wiederholt auftretende rhetorische Stilmittel und Kommunikationsstrategien zu beobachten?

Da die ausgewählten Exempel zu unterschiedlichen Zeiten sowie für Wahlen auf unterschiedlichen Verwaltungsbenen veröffentlicht wurden, würden Gemeinsamkeiten unter diesen Aspekten für die Zugehörigkeit zu einer gemeinsamen Textsorte sprechen.

2. Der Wahlwerbespot als eigenständige Textsorte

2.1 Methodischer Ansatz und Vorgehen

Für die Bestimmung der *Textfunktion* entscheidend ist laut Brinker „der Sinn, den ein Text in einem Kommunikationsprozess erhält, bzw. der Zweck, den ein Text im Rahmen einer Kommunikationssituation erfüllt" (Brinker / Cölfen / Pappert 2018, 78). Er unterscheidet dabei fünf *Textsortenklassen*:

- *Informationstexte* (u.a. Bericht, Sachbuch und Rezension)
- *Appelltexte* (u.a. Werbeanzeige, Kommentar, und Gesetz)
- *Obligationstexte* (u.a. Vertrag, Garantieschein und Gelöbnis)
- *Kontakttexte* (u.a. Danksagung, Kondolenzschreiben und Ansichtskarte)
- sowie *Deklarationstexte* (u.a. Testament und Ernennungsurkunde) (vgl. Brinker 1992, 125).

Dieser Unterscheidung folgend, fallen alle untersuchten Wahlwerbespots in die Kategorie *Appelltexte*. Um die *Textfunktion* der jeweiligen Spots näher zu bestimmen, erfolgt zudem eine Orientierung an der Klassifikation, welche Christian Fandrych und Maria Thurmair vorgenommen haben (vgl. Fandrych / Thurmair 2011, 29–33). Sie unterscheiden drei Funktionen, welche ein Text erfüllen kann:

- *wissensbezogene Texte*
- *handlungsbeeinflussende / handlungspräformierende Texte*
- sowie *expressiv-soziale / sinnsuchende Texte*.

Die Hauptfunktion *wissensbezogener Texte* liegt Fandrych und Thurmair zufolge in der Speicherung, Tradierung, Mitteilung und Bereitstellung von Wissenselementen. Sie differenzieren innerhalb dieser Kategorie zwischen Texten mit:

- *konstatierend-assertierender, wissensbereitstellender Funktion* (wie Lexikonartikel, Wetterberichte und Reiseführer)
- *argumentativer Funktion* (zum Beispiel wissenschaftliche Artikel, Leserbriefe und themenbezogene Diskussionsforen)
- sowie *bewertender Funktion* (etwa Rezensionen, Theaterkritiken, Studienbewertungen und Gutachten) (Fandrych / Thurmair 2011, 29f.).

Nach der Definition der Autor*innen dienen *handlungsbeeinflussende / handlungspräformierende Texte* hauptsächlich der Festlegung eigener Handlungen seitens des Emittenten oder der Beeinflussung der Handlung der Rezipienten. Dabei klassifizieren sie die Texte in dieser Sparte nochmals nach Texten mit:

- *instruktiver Funktion* (u.a. Kochrezept, Spiel- oder Bedienungsanleitung)
- *reglementierend-direktiver Funktion* (wie Ordnungstexte, Gesetze und Satzungen)
- *obligativ-sprecherbezogener Funktion* (zum Beispiel Wahlprogramme, Gelöbnisse und Hochzeitsformeln)
- *deklarierend-performativer Funktion* (etwa mündlich durch Trauung und Taufe, sowie schriftlich fixiert bei Ernennungsurkunden oder Zeugnissen)
- *appellativer Funktion* (beispielsweise politische Werbung; Werbe-, Kontakt- oder Wohnungsanzeigen sowie humanitäre und politische Aufrufe)
- *handlungsvorbereitender Funktion* (wie Tagesordnungen, Skizzen und Exposés)
- und *beratend-moralisierender Funktion* (zum Beispiel Predigten, Kummerkästen und Beratungstexte) (vgl. Fandrych / Thurmair 2011, 31f.).

Die Hauptaufgabe *expressiv-sozialer / sinnsuchender Texte* besteht laut Fandrych und Thurmair darin, die Stellung des Individuums zu seiner sozialen Umwelt zum Ausdruck zu bringen. Hierbei unterscheiden sie zwischen Texten mit:

- *expressiv-sinnsuchender Funktion* (u.a. Tagebuch, Blog, persönliche Briefe und E-Mails)
- *kollektiv-selbstvergewissender Funktion* (etwa Wahlkampfreden, ritualisierte religiöse Texte und Fan-Gesänge)
- *phatischer Funktion* (beispielsweise Genesungswünsche, Glückwunsch- oder Kondolenzschreiben)
- *unterhaltend-spielerischer Funktion* (dazu zählen Witze, Märchen, zudem Kinder- und Phantasiegeschichten)
- sowie *ästhetischer Funktion* (zum Beispiel literarisch-ästhetisierende Texte) (vgl. Fandrych / Thurmair 2011, 32f.).

Dabei ist es an dieser Stelle wichtig festzuhalten, dass Texte neben ihrer Hauptfunktion auch weitere nachrangige Funktionen transportieren können.

Um eine Textsortenanalyse durchzuführen, folgt diese Arbeit den von Fandrych und Thurmair vorgeschlagenen Beschreibungsdimensionen. Das zentrale Kriterium ist hierbei neben der *Textfunktion* die *Kommunikationssituation*. In der Folge werden besondere Merkmale auf der *thematisch-strukturellen* sowie der *formal-grammatischen Ebene* untersucht.

Zur Bestimmung der Kommunikationssituation werden „alle situativ und kontextuell relevanten Parameter" beschrieben, zum Beispiel:

- [Emittent] und Rezipient
- Kommunikationsbereich
- die Realisationsform (mündlich [oder] schriftlich)
- die Nähe zu konzeptioneller Mündlichkeit bzw. Schriftlichkeit
- Fragen der Reziprozität
- sowie der simultanen beziehungsweise nicht-simultanen Kommunikation (vgl. Fandrych / Thurmair 2011, 33).

Die Untersuchung von Realisation und Konzeption erfolgt im Kontext des *Nähe-Distanz-Kontinuums* von Koch und Oesterreicher, die einige Kommunikationsbedingungen gegenübergestellt haben, welche in die Analysen einfließen (vgl. Koch / Oesterreicher 2008, 201). Zusätzlich kommt das Modell der *Kommunikationskreise* von Burger und Lugingbühl zur Anwendung. Sie unterscheiden zwischen dem *inneren Kreis* des Dialoggeschehens und dem *äußeren Kreis* – der Beziehung der Dialogteilnehmer*innen zum Publikum (vgl. Burger / Lugingbühl 2014, 23).

Bei dem angesprochenen Personenkreis handelt es sich zumeist um ein *disperses Publikum*. Dieses wird dadurch gekennzeichnet, dass die Rezipient*innen zwar dasselbe (Massen-)Medium benutzen,

6

jedoch räumlich und oft auch raumzeitlich voneinander getrennt sind. Deshalb bleibt das disperse Publikum auch inhomogen, unstrukturiert und weist untereinander keine direkten zwischen-menschlichen Beziehungen auf (vgl. Maletzke 1963, 32).

Unter den Aspekten der *thematisch-strukturellen Ebene* sind neben der *Textarchitektur* auch die *Vertextungsstrategie* sowie die Mittel der *Textprogression* zu verstehen. Auf *formal-grammatischer Ebene* „erfolgt die Beschreibung spezifischer sprachlicher Merkmale: etwa (text-)grammatischer Strukturen (wie Passiv, Wortstellung, Tempus, Attribuierung [und] Pronominalisierung), aber auch stilistischer und lexikalischer Kennzeichen in ihrer Funktionalität" (Fandrych / Thurmair 2011, 34).

Um geeignete Spots für eine Textsortenanalyse auszumachen, wurde eine ausführliche Sichtung verschiedener Wahlwerbespots auf der Videoplattform YouTube durchgeführt. Daraufhin wurden die Werbespots der SPD zur Bundestagswahl 1990, der APPD zur Bundestagswahl 1998 sowie der Partei mut zur bayerischen Landtagswahl 2018 zur näheren Betrachtung im Rahmen dieser Arbeit ausgewählt. Um die Spots textlinguistisch bearbeiten zu können, war es zuerst notwendig, sie in einem Prozess der *Verschriftung* in Transkripte zu überführen (vgl. Koch / Oestereicher 2008, 200).

Diese Transkriptionen wurden nach den Konventionen des *Gesprächsanalytischen Transkriptions-systems 2* (GAT 2) durchgeführt. Dabei wurden beispielsweise nur Pausen vermerkt, die eine signifikante Länge aufwiesen und Aspirationen nur, wenn sie wirklich deutlich hörbar waren. Während des Transkriptionsprozesses fiel der Umstand auf, dass bei der verwendeten Aufzeichnung des Wahlwerbespots der SPD von 1990 die Eingangsfrage des Interviewers für die Straßenumfrage abgeschnitten war. Aufgrund des Alters des Videomaterials war es nicht ohne größere Umstände möglich, eine vollständige Aufzeichnung beizubringen. Deshalb fiel die Entscheidung für dieses Exempel auf eine Minimaltranskription des vorhandenen Materials, um es trotzdem an passenden Stellen der Arbeit zum Vergleich heranziehen zu können (siehe: *Anlage 5*). Von den übrigen Spots wurden vollständige Transkripte erstellt, auf welche die beschriebenen kombinatorischen Kriterien einer Textsortenanalyse angewandt wurden.

2.2. Textsortenanalyse des Werbespots der Partei mut zur bayerischen Landtagswahl 2018

2.2.1 Untersuchung der Kommunikationssituation

Zunächst wurde die *Kommunikationssituation* untersucht, durch die der Wahlwerbespot der Partei mut Bayern gekennzeichnet ist. Beim *Kommunikationsbereich* handelt es sich hier zweifelsfrei um das Feld der Politik. Bei der Untersuchung der *Kommunikationskreise* ergibt sich, dass im *inneren Kreis* der Dialog zwischen den Spitzenkandidat*innen zur Landtagswahl, Claudia Stamm und Matthias Matuschik, abläuft (vgl. Burger / Lugingbühl 2014, 23). Diese befinden sich auf einer

Alpenwiese, im Hintergrund sind je nach Sprecher*in abwechselnd eine Kapelle und ein Berg-panaroma zu sehen. Durch die Wahl des Schauplatzes soll mit Klischees und der Erwartungshaltung des vermeintlich idyllischen bayerischen Lebensgefühls (des ikonischen „Mia san mia!") gespielt werden.

Den *äußeren Kreis* stellen die 8,3 Millionen Wahlberechtigten in Bayern dar. (vgl. ebenda). Diese fungieren als disperses Publikum, welches durch die Ausstrahlung im Bayerischen Rundfunk, den Sozialen Medien sowie im Kino einen Zugang zu dem Spot erhält (vgl. Maletzke 1963, 32). Eine *Mehrfachadressierung* des Publikums findet absichtlich, willentlich und bewusst statt (vgl. Kühn 1995, 63). Die Adressierung der Wähler*innen geschieht in den meisten Fällen implizit, da diese durch die Verwendung des Personalpronomens *wir* (vgl. *Anlage 1*: Belegstellen 05, 08, 16, 20 und 21) sowie das personifiziert verwendete *Bayern* (vgl. *Anlage 1*: Belegstellen 11, 12 und 15) bereits mitgedacht und angesprochen werden. An einer Stelle adressiert Claudia Stamm die Wähler jedoch explizit-averbal: *„ja stimmt aber wir brauchen mUT. und mut <<zur Kamera>> ist wä:hlBAR!"* (*Anlage 1*: 21).

Nach diesem Bruch der *Vierten Wand* – einem aus dem post-dramatischen Theater bekannten Stilmittel – befinden sich die Spitzenkandidat*innen in direkter Ansprache zum dispersen Publikum. Dies wird am deutlichsten, wenn Matthias Matuschik in seinem letzten Satz die Wähler explizit-verbal anspricht: *„mUT wÄHln mit bEIden stimmen is des kla::?"* (*Anlage 1*: 24).

Die *Realisationsform* ist konzeptionell schriftlich, jedoch mündlich vorgetragen. Es muss davon ausgegangen werden, dass es sich um einen fingierten Dialog mit inszenierter Spontaneität handelt, dem ein schriftliches Skript zugrunde liegt (vgl. Burger / Lugingbühl 2014, 174). Daraus ergibt sich im *Nähe-Distanz-Kontinuum* die Einordnung graphisch/gesprochen (vgl. Koch / Oesterreicher 2008, 200f.). Den *Kommunikationskriterien* zufolge ist das analysierte Gespräch relativ privat, die Kommunikationspartner*innen wirken relativ vertraut, befinden sich in einem Zustand der raum-zeitlichen Nähe sowie relativ hoher kommunikativer Kooperation. Die *Dialogizität* ist durch die häufigen Sprecher*innenwechsel recht hoch, jedoch kann von Spontaneität keine Rede sein und auch die Themen sind stark fixiert (vgl. Koch / Oesterreicher 2008, 201). Die Wirkung auf den Rezipienten erfolgt zeitversetzt (vgl. Fandrych / Thurmair 2011, 33).

2.2.2 Bestimmung von Textsorte und Textfunktion

Bei der Betrachtung der *Textsorte* ist festzustellen, dass es sich um einen Text aus dem Bereich der *Großtextsorte* Werbespot handelt. Er fällt zudem in die vermutete Kategorie der *Textsorte* Wahlwerbespot. Als *Teiltext* ist der Dialog der beiden Spitzenkandidat*innen Claudia Stamm und Matthias Matuschik zu betrachten. Daneben handelt es sich bei dem Abspann mit Parteilogo,

Spruchband und Domain um einen *Subtext*. Dazu Fandrych und Thurmair: „Wir sprechen von Teiltexten, wenn die hierarchisch kleineren Einheiten funktional gleich sind und von Subtexten, wenn die Textfunktionen variieren. Subtexte können mehr oder weniger in sich abgeschlossen sein, zentral ist aber, dass ihre kommunikative Funktion und Zweckhaftigkeit wesentlich erst durch die Gesamt-Textfunktion der Großtextsorte bestimmt wird. Sie sind somit Teil eines übergeordneten Funktionsganzen und beziehen sich auch deutlich darauf" (Fanrych / Thurmair 2011, 26).

Die dominierende *Textfunktion* ist appellativ, da die Wähler aufgerufen werden, die Partei zu wählen. Der Spot fällt somit in den Bereich *handlungsbeeinflussenden und handlungs-präformierenden Texte* (vgl. Fandrych / Thurmair 2011, 31f.). Als Nebenfunktionen sind die *obligativ-sprecherbezogene Funktion* (Darstellung des Wahlprogramms), die *unterhaltend-spielerische Funktion* (auch wenn die Scherze und Anspielungen ein großes Vorwissen über die handelnden Figuren voraussetzen, die wohl bei den wenigsten Wähler*innen gegeben sein wird) sowie die *kollektiv-selbstvergewissernde Funktion* (Einblendung des Parteilogos und mehrmaliges Nennen des Parteinamens) festzustellen (vgl. ebenda).

2.2.3 Untersuchung der thematisch-strukturellen und formal-grammatischen Merkmale

Auf der *thematisch-strukurellen Ebene* ist zu erwähnen, dass der Subtext nahtlos durch die Einblendung des Kamerraflugs mit der Drohne an den Dialog angeschlossen ist. Die *Textprogression* findet weitestgehend durch den Sprecher*innenwechsel statt, bei dem die Dialogpartner*innen die Äußerungen des anderen fortführen oder ergänzen. Es ist an einigen Stellen Simultansprechen zu beobachten, das meist zu einem direkten Sprecher*innenwechsel führt (vgl. *Anlage 1*):

- 05 CS: *wir brauchen neue ideen bei der energiewENDE(.) Konzepte für integration und INklusion öffentlichen nahverkehr sicherheit[spolitik   ]*
  06 MM:<<abfällig>> [*ratter, ratter, ratter, ratter, ratter*]

- 14 MM: *JA. aber die wiesen sind zubetoniert. und das internet draußen aufm land ist zu la::ng[sa:m.]*
  15 CS: [*JA*   ]

- 19 CS: <<ironisch>> *ja, da denkst du an deine fAST schulpflichtige tochter, he:? du ego*[*ist*   ]
  20 MM: ((deutet mit dem Zeigefinger auf CS))   [*wÄH!*]

Bei der Untersuchung der *formal-grammatischen Ebene* fällt auf, dass durch die Verwendung von Umgangssprache Nähe erzeugt werden soll, sowohl zwischen den Dialogpartner*innen im inneren Kommunikationskreis als auch zwischen den Sprecher*innen und dem dispersen Publikum. Bereits in der initialen Ansprache nennt Claudia Stamm ihr Gegenüber bei seinem Spitznamen:

9

„<<schnippisch>> hey matuschke! was machstn du hier? du wolltest doch auswandern?" (Anlage 1: 01). Diese Bezeichnung Matuschiks ist durch dessen Radiosendung einem breiten Publikum in Bayern geläufig. Ihre Verwendung soll ein freundschaftliches und nicht nur politisch-professionelles Verhältnis zwischen den Protagonist*innen demonstrieren, aber beiläufig auch den Effekt eines Wissenszuwachses bei den adressierten Wählern hervorrufen, dass der bekannte Moderator jetzt auch für die Partei mut zur Landtagswahl antritt und so in deren Bewusstsein eine Verknüpfung zwischen beruflicher Tätigkeit und politischer Funktion Matuschiks herstellen. Noch deutlicher wird dieser Aspekt, wenn sich Stamm im weiteren Verlauf der Wendung „politikernEULING mATUSCKE" bedient (Anlage 1: 07). Dies spricht desweiteren eindeutig für eine fingierte Gesprächssituation, der ein vorgefertigter Text zugrunde liegt: das Kompositum „politikernEULING" ist zwar kein direkter Neologismus, wird aber so gut wie nie verwendet, was auch die Korpusrecherche im DWDS belegt, die keine passende Belegstelle liefern konnte (vgl. DWDS, Suchbegriff: „Politikerneuling"). Es bleibt dennoch festzuhalten, dass sich selbst das Spitzenpersonal einer politischen Partei im Alltag niemals so anreden würde.

Ebenso soll durch den fränkischen Lokalkolorit von Matthias Matuschik Nähe zum Publikum hergestellt werden: „ich bin kein egoist und GEnau des brauchen wir in bayern nicht nämlich egoistische Politik! bAH!" (Anlage 1: 20) sowie „mUT wÄHln mit bEIden stimmen is des kla::?" (Anlage 1: 24). Im politischen Betrieb sind die Akteur*innen sonst um die Verwendung der Hochsprache bemüht, weshalb dadurch ein gewisser Kontrast erreicht werden kann.

Als rekurrierendes Stilmittel fallen besonders die Konstruktionen [Bayern braucht + NP] und [wir brauchen + NP] auf. An einer Stelle erscheinen die Elemente gar kombiniert zu [brauchen wir in Bayern + NP]: „ich bin kein egoist und GEnau des brauchen wir in bayern nicht nämlich egoistische Politik!" (Anlage 1: 20).

Die Konstruktion [Bayern + NP] ist an vier Stellen im Spot auszumachen:

- bayern braucht drINGEND neue politik! (Anlage 1: 02)
- bayERN braucht ne gute Polizei, aber sICHER kein neues polizeiaufgabengeSETZ. (Anlage 1: 11)
- bayern braucht (-) perspektI:VEN für alle die hier leben (.) und ganz bestimmt keine_e ANKERzentren und keine Abschiebungen äh in krIEGSgebiete (Anlage 1: 12)
- [JA] aber bayern braucht nACHhaltige wirtschaft mit gUTer digitaler infrastruktur °h (Anlage 1: 15)

Zudem sind fünf Belege für die Verwendung der Konstruktion [wir brauchen + NP] im Text auszumachen:

- wir brauchen neue ideen bei der energiewENDE(.) Konzepte für integration und INklusion öffentlichen nahverkehr sicherheit[spolitik] (Anlage 1: 05)

10

- *wir brauchen energie aus sONNE, aus wIND, aus bIOGASanlagen (.) aber wir brauchen ganz bestimmt keine stRO:mtRASsen und bITTE keine atomkraftwerke.* (Anlage 1: 08)
- *wir brauchen eine faire landwirtschaft die gut ist zu mensch, natur UND tIER* (Anlage 1: 15)
- *wir brau:chen (.) faire bezahlung für pflegekräfte bitTE!* (Anlage 1: 16)
- *ja stimmt aber wir brauchen mUT.* (Anlage 1: 21)

Durch die Auslassung von Silben und Buchstaben soll Alltagssprache simuliert werden (*Anlage 1*):

- 01 CS: <<schnippisch>> *hey matuschke! was machstn du hier? du wolltest doch auswandern?*
- 11 CS: *bayERN braucht ne gute Polizei, aber sICHER kein neues polizeiaufgabengeSETZ*
- 14 MM: *JA. aber die wiesen sind zubetoniert. und das internet draußen aufm land ist zu la::ng[sa:m.]*
- 24 MM: *mUT wÄHln mit bEIden stimmen is des kla::?*

Auch durch den Einsatz von Gesprächspartikeln und Interjektionen soll der fingierte Dialog etwas aufgefrischt und näher an die Alltagssprache herangerückt werden (*Anlage 1*):

- 01 CS: <<schnippisch>> *hey matuschke! was machstn du hier? du wolltest doch auswandern?*
- 19 CS: <<ironisch>> *ja, da denkst du an deine fAST schulpflichtige tochter, he:? du ego[ist   ]*
- 20 MM: ((deutet mit dem Zeigefinger auf CS))   [*wÄH!*] *(--)*
  ich bin kein egoist und GEnau des brauchen wir in bayern nicht nämlich egoistische Politik! bAH!
- 12 MM: *keine Abschiebungen äh in krIEGSgebiete*

Als Stilmittel ist auch die Verwendung vieler Aufzählungen augenfällig. Das soll die Handlungsfähigkeit der politischen Akteure demonstrieren und das Gefühl vermitteln, dass die Partei alle wichtigen Fragen der bayerischen Landespolitik sowie das Zeitgeschehen im Blick hat. Besonders hervorzuheben ist, dass sich die Macher*innen des Spots der häufigen Verwendung von Aufzählungen in politischer Werbung durchaus bewusst sind und dieses Motiv selbstironisch konterkarieren, indem Matthias Matuschik Claudia Stamm dabei unterbricht, die gefühlt endlose Liste politischer Aufgaben und Problemfelder aufzuzählen (*Anlage 1*):

- 05 CS: *wir brauchen neue ideen bei der energiewENDE(.) Konzepte für integration und INklusion öffentlichen nahverkehr sicherheit[spolitik   ]*
  06 MM: <<abfällig>> [*ratter, ratter, ratter, ratter, ratter*]

11

An drei weiteren Stellen wird das Mittel der Aufzählung aufgegriffen, um politische Inhalte zu vermitteln:

- *wir brauchen energie aus sONNE, aus wIND, aus BIOGASanlagen (.) aber wir brauchen ganz bestimmt keine stRO:mtRASsen und bITTE keine atomkraftwerke. (Anlage 1: 08)*
- *auch nich schlecht. bayern braucht (-) perspektI:VEN für alle die hier leben (.) und ganz bestimmt keine_e ANKERzentren und keine Abschiebungen äh in krIEGSgebiete (Anlage 1: 12)*
- *[JA] aber bayern braucht nACHhaltige wirtschaft mit gUTer digitaler infrastruktur °h und wir brauchen eine faire landwirtschaft die gut ist zu mensch, natur UND tIER (Anlage 1: 15)*

2.3. Textsortenanalyse des Wahlwerbespots der APPD zur Bundestagswahl 1998

2.3.1 Kommunikationssituation

Für die Analyse des Wahlwerbespots der Anarchistischen Pogo-Partei Deutschlands soll zunächst die *Kommunikationssituation* betrachtet werden. Wie im Beispiel zuvor, ist dieser Spot im *Kommunikationsbereich* der Politik zu verorten. Bei der Untersuchung der *Kommunikationskreise* ist festzustellen, dass sich im *inneren Kreis* der Kanzlerkandidat Wolfgang Wendland und dessen Ehefrau befinden, die im Rahmen einer fingierten Straßenumfrage miteinander in Dialog treten (vgl. Burger / Lugingbühl 2014, 23). Dabei kommt Wendland die Rolle des Interviewers zu, während seine Gattin eine befragte Bürgerin mimt. Der Schauplatz wechselt von einer Straßenszene (wo Wolfgang Wendland mit einem Kamerateam umherläuft) zum Eingang eines Mehrfamilienhauses (wo das Interview stattfindet). In der dritten Szene ist ein nicht näher definierbarer Innenraum zu sehen, der ein notdürftig hergerichtetes Versuchslabor darstellen soll. In der vierten Szene, welche den Abspann einleitet, wechselt der Schauplatz nochmals, diesmal zur Mauer eines Hinterhofs im Freien, wo ein junger Mann in szenetypischem Punk-Outfit (aus dem Glas, welches in der dritten Szene zu sehen war) Bier trinkt.

Der *äußere Kreis* besteht aus den damals 60,8 Millionen Wahlberechtigten in der Bundesrepublik. Zu dieser Zeit konnte das Publikum die Wahlspots nur im Fernsehen beziehungsweise im Kino wahrnehmen, weshalb es als deutlich weniger dispers angesehen werden kann als das heutige (vgl. Maletzke 1963, 32). Auch muss man sich vor Augen halten, dass es das erste Mal war, dass die Wahlberechtigten auf Bundesebene mit einer offenkundigen Satirepartei konfrontiert waren, weshalb der Spot sicher einen höheren Neuigkeitswert hatte – daher mehr Diskussionen und Reaktionen ausgelöst haben dürfte – als heutige Wahlwerbung. Die *Mehrfachadressierung* des Publikums findet ab-sichtlich, willentlich und bewusst statt (vgl. Kühn 1995, 63). Die Wähler*innen werden bereits in der initialen Ansprache Wendlands explizit-averbal adressiert, da er direkt in die Kamera spricht und damit die *Vierte Wand* durchbricht: „*hier ist der appd-ganz-nah-dran-Test in mehr als 5000 haushaltung frachten wir nach: , "KENnen sie APPD?'"* (*Anlage 2*: 01). Explizit-verbal wird der Wähler in der zweiten Szene im Monolog Wendlands angesprochen (*Anlage 2*):

> 10 WW: arbeit ist scheis_se saufen saufen jeden tag nur saufen (.) alles nur sprüche oder wirkliche politik DArüber entscheiden Sie am siemundzwanzigsten septemBER bis achtzen uhr haben Sie die Gelegenheit, die ANARchistische POGOpartei deutschland zu wählen MAchen sie es wie dieser wähler und sie werden glücklich sein FÜR FRIEden FREIheit und AbenTEUER appd! die anarchistische pogopartei deutschland.

Die *Realisationsform* ist konzeptionell schriftlich, der Text wird jedoch mündlich vorgetragen. Auch hier ist von einem fingierten Dialog mit inszenierter Spontaneität auszugehen, dem ein schriftliches Skript zugrunde liegt (vgl. Burger / Lugingbühl 2014, 174). Im *Nähe-Distanz-Kontinuum* ergibt sich demzufolge die Einordnung graphisch/gesprochen (vgl. Koch / Oesterreicher 2008, 200f.). Den von Koch und Oesterreicher aufgestellten weiteren *Kommunikationskriterien* zufolge handelt es sich um ein relativ privates Gespräch und die Kommunikationspartner*innen wirken sehr vertraut. Sie befinden sich in raum-zeitlicher Nähe zueinander, zeigen jedoch durch die Interviewsituation wenig Interaktion und Dialogizität, da das Gespräch nach einem standartisierten Frage-Antwort-Schema abläuft. Dies lässt auch den Schluss zu, dass eine freie Themenentfaltung und Spontaneität bei dieser Art der Kommunikation nicht möglich sind (vgl. ebenda). Die Wirkung auf den Rezipienten erfolgt zeitversetzt (vgl. Fandrych / Thurmair 2011, 33).

2.3.2 Bestimmung von Textsorte und Textfunktion

Im Hinblick auf die *Textsorte* ist der Spot der *Großtextsorte* Werbespot zuzuordnen und fällt weiterhin die vermutete Kategorie der *Textsorte* Wahlwerbespot. Als *Teiltexte* sind der Dialog zwischen Wolfgang Wendland und seiner Frau sowie dessen An- und Abmoderation auszumachen. Sowohl der „Praxistest" als auch der Abspann erfüllen die Rolle von *Subtexten*.
Der Definition von Thurmair und Fandrych folgend, erfüllt der untersuchte Wahlwerbespot der APPD mehrere *Textfunktionen*. Die dominierende *Textfunktion* ist hierbei eine appellative, daher handlungsbeeinflussende und handlungsvorformende, da es sich um Wahlwerbung handelt, die wahlberechtigte Zuseher*innen zur Wahl der jeweiligen werbenden Partei animieren soll (vgl. Thurmaier / Fandrych, S.31f.). Desweiteren tritt die unterhaltend-spielerische Funktion viel deutlicher in den Vordergrund als bei dem vorher untersuchten Spot der Partei mut (vgl. Thurmaier /

Fandrych, S.33). Durch die Persiflage bekannter Leitmotive aus anderen Bereichen der Produkt- und Wahlwerbung wird deutlich, dass sich die Anarchistische Pogo-Partei Deutschlands nicht als tragendes Element des vorherrschenden Parteiensystems verstanden wissen will, sondern deren Wahl eher den Protest gegen die bestehende politische und gesellschaftliche Ordnung ausdrücken soll. In dieser Tradition steht auch die von Satiriker Martin Sonneborn geführte Partei DIE PARTEI, welche mit ähnlichen parodistischen Mitteln die Schwachstellen des parlamentarischen Systems sowie der poltitischen Kommunikation aufzeigen will und damit in den letzten Jahren einige beachtliche Wahlergebnisse erzielen konnte. Zum Standardrepertoire politischer Werbung zählt zudem die Vermittlung einer gewissen Seriösität, die vom Kandidaten Wolfgang Wendland unter anderem dadurch konterkariert wird, dass er unter dem Sakko ein T-Shirt mit einem gezeichneten Selbstporträt trägt und während der Aufzeichnung des Spots offenkundig betrunken war.

In den ausgewählten Beispielen wird dieser Kontrast am deutlichsten im Vergleich zur Wahlwerbung von Oskar Lafontaine, der sich 1990 als Kanzlerkandidat der SPD den Wähler*innen mit Anzug und Krawatte in gedeckten Farben präsentierte und mit dieser staatstragenden Bildsprache bereits seine Eignung als nächster Kanzler unterstreichen wollte ((vgl. *SPD* (1990), ab Minute 01:02)).

Als weitere – wenn auch deutlich abgeschwächte – *Nebenfunktion* lässt sich eine *kollektiv selbstvergewissernde Funktion* feststellen, da im Verlauf des Spots mehrmals der Parteiname genannt wird und der gesamte Abspann aus der Einblendung eines Wahlplakats besteht, was zudem vom Abspielen der Parteihymne begleitet wird (vgl. *Anlage 2*: 13).

2.3.3 Untersuchung der thematisch-strukturellen und formal-grammatischen Merkmale

Im Anschluss sollen Auffälligkeiten auf der *thematisch-strukturellen Ebene* in den Blick genommen werden. Unter dem Aspekt der *Textprogression* ist festzustellen, dass Wolfgang Wendland in der Rolle des Interviewers durch die Anmoderation den Zuschauer in die Situation einführt: *„hier ist der appd-ganz-nah-dran-test in mehr als 5000 haushaltung frachten wir nach: „KENnen sie APPD?"* (*Anlage 2*: 01). Der Übergang zwischen der Anmoderation und der Interviewsituation erfolgt durch die Einblendung der betätigten Klingel. Im Interview mit Frau Wendland wird die thematische Entwicklung alleine durch die Fragen von Wendland vorangetrieben, auf welche sie reagiert (vgl. *Anlage 2*: 02 bis 09). Der *Sprecher*innenwechsel* erfolgt auch ausschließlich eingeleitet, es kommt nicht zu Simultansprechen. Die Abmoderation mit direkter Ansprache der Wähler erfolgt dann monologisch (vgl. *Anlage 2, Transkript 2*: 10). Der Übergang zwischen der Abmoderation und dem „Praxistest" erfolgt dann abrupt und unvermittelt durch einen harten Schnitt. Durch diese Szene wiederum führt Wolfgang Wendland als Off-Sprecher, dabei ironisiert der Vergleich zwischen der APPD und den etablierten Parteien hergestellt (vgl. *Anlage 2*: 11f.).

14

Den Übergang zwischen dem „Praxistest" und dem Abspann bildet die Einblendung eines jungen Manns, welcher in den Aufbau hineingreift, um sich das Glas zu nehmen, welches er anschließend an einem völlig anderen Ort austrinkt. Dieser Vorgang verleiht der Szenerie eine starke Absurdität.

Bei der Untersuchung der *formal-grammatischen Ebene* fällt zunächst die Verwendung des Wortes „*Haushaltung*" während der Anmoderation auf (vgl. Transkript 2, 01). Es handelt sich dabei um ein heute sehr selten gebrauchtes Wort, dessen Einsatz eher den ironischen Charakter des Werbespots unterstreichen soll. Die Korpusrecherche gibt für den gesamten Bestand des *Deutsche Textarchivs* (DTA), das Texte zwischen 1473 und 1927 umfasst, noch 2250 Treffer aus. Dagegen finden sich im *DWDS-Kernkorpus* – mit Texten von 1900 bis 1999 – nur 227 Treffer. Diese Relation stützt die Einschätzung, dass diese Wendung in den letzten Jahrzehnten eher ungebräuchlich geworden ist, was sich auch an der Verlaufskurve ablesen lässt (vgl. *DWDS*, Suchbegriff: „*Haushaltung*").

An einer Stelle lässt sich auch die Verwendung eines Gesprächspartikels seitens Frau Wendland beobachten: „°*hh ACH GOtt, bin ich überRASCHT!*" (*Anlage 2*: 02). Auch der Bochumer Lokalkolorit Wendlands bricht an einigen Stellen durch, am deutlichsten bei der Abmoderation: „*am siemundzwanzigsten septemBER bis achtzen uhr*" (*Anlage 2*: 10).

Zudem findet sich das rhetorische Mittel der Aufzählung im Spot der APPD an zwei Stellen wieder. Zuerst wird es von der Ehefrau Wendlands genutzt, um die „vorteilhaften" Auswirkungen pogo-anarchistischer Politik auf ihr Leben zu beschreiben: „*ich saufe nur noch liege in der son_ne mein vakehr ist viel besser die arbeit is vorbei GARnicht zu sprechen von der balkanisierunk*" (*Anlage 2*: 06). Zum zweiten Mal verwendet Wendland eine Aufzählung in der Abmoderation des Interviews: „*FÜR FRIEden FREIheit und AbenTEUER appd! die anarchistische pogopartei deutschland*" (*Anlage 2*: 10). Der gesamte Spot ist durchzogen von Parodien auf mehrere (pop-)kulturelle Phänomene. Es fällt schnell auf, dass Werbespots anderer Parteien, die Straßenumfragen nutzen, aufs Korn genommen werden sollen (vgl. *Anlage 5*: 01 bis 08).

Die blaue Ersatzflüssigkeit in den Biergläsern des „Praxistests" spielt auf die zu dieser Zeit bekannte Werbekampagne des Herstellers „Always" für Damenbinden an. Dort sollte die besondere Saugfähigkeit der Binde mittels einer Testflüssigkeit verdeutlicht werden. ((vgl. *Always* (1988), ab Minute 00:15)). Ebenso parodiert die Darstellung der konkurrierenden Parteien als Waschpulverboxen die damals gängige Waschmittelreklame, in der auch angebliche Blindtests – sowie anschließende Interviews von vermeintlichen Testimonials – aus dem nordamerikanischen Kulturkreis übernommene, weit verbreitete Stilmittel waren ((vgl. *Ariel* (1988)).

3. Fazit

Im Rahmen dieser Arbeit wurden drei Wahlwerbespots näher betrachtet: Spots der SPD aus dem Jahr 1990, der APPD aus dem Jahr 1998 sowie der Partei mut von 2018. Trotz der unterschiedlichen Realisationsformen sowie des abweichenden Zeitraums der Veröffentlichung, ließen sich einige Gemeinsamkeiten zwischen den untersuchten Spots feststellen. Diese Beobachtungen stützen die eingangs aufgestellte Hypothese, wonach Wahlwerbespots im Rahmen einer eigenständigen gemeinsamen *Textsorte* subsummiert werden können.

Der Definition von Klaus Brinker folgend, handelt es sich bei allen untersuchten Wahlwerbespots um *Appelltexte* (vgl. Brinker 1992, 125). Nach den von Fandrych und Thurmair aufgestellten Kriterien zur Bestimmung der *Textfunktion* fallen zudem alle Spots in den Bereich *handlungsbeeinflussender und handlungspräformierender Texte* (vgl. Fandrych / Thurmair 2011, 31f.). Deren dominierende *Textfunktion* ist dabei eine *appellative*: die Wähler*innen sollen dazu animiert werden, eine bestimmte Partei zu wählen. Damit wurde die Vermutung gestützt, dass die *Hauptfunktion* der übergeordneten *Großtextsorte* Werbespot auf die Wahlwerbespots bis hinein in ihre *Sub- und Teiltexte* vererbt wurde. Zudem finden sich sowohl bei der APPD als auch bei der Partei mut *expressiv-soziale* sowie *sinnsuchende Funktionen*, da sie an bestimmten Stellen Merkmale *kollektiver Selbstvergewisserung* sowie eine *unterhaltend-spielerische Funktion* vorweisen (vgl. Fandrych/Thurmair 2011, 32f.). Vor allem der Aspekt der Unterhaltung ist bei dem Spot der APPD deutlich stärker ausgeprägt als bei den anderen untersuchten Beispielen.

Zu den Gemeinsamkeiten unter dem Gesichtspunkt der *Kommunikationssituation* lässt sich festhalten, dass alle untersuchten Spots auf das Mittel der *Dialogizität* setzen, um Nähe zum Rezipienten zu erzeugen. Dies gilt sowohl für das Verhältnis der Dialogteilnehmer*innen im *inneren Kommunikationskreis* als auch für deren Wirkung auf das *disperse Publikum* – die Rezipienten im *äußeren Kommunikationskreis* (vgl. Burger / Lugingbühl 2014, 23).

Auf der *thematisch-strukturellen Ebene* fiel auf, dass bei allen Spots die *Textprogression* vorwiegend durch Sprecher*innenwechsel oder Frage-Antwort-Konstellationen vorangetrieben wurde (vgl. Fandrych / Thurmair 2011, 34).

Auf *formal-grammatischer Ebene* ist vor allem die häufige Verwendung von Aufzählungen bemerkenswert. Dadurch soll den Wähler*innen vermittelt werden, dass die politischen Akteur*innen alle wichtigen Problemfelder überblicken und auch bearbeiten wollen.

Ein weiterer übergeordneter Aspekt (der im Rahmen dieser Arbeit deutlich wurde, aber sich nicht unmittelbar erschließt) soll an dieser Stelle deutlich gemacht werden: dass es sich bei Wahlwerbespots um eine Art „Zeitkapsel" für politische Diskurse der jeweiligen Zeit handelt. So wird im Spot der SPD für die Bundestagswahl 1990 noch über die Kosten der Deutschen Einheit gestritten.

Bei der Partei mut ist hingegen ein Bezug auf die im Jahr 2018 prägenden regionalen Themen für den Freistaat Bayern wie den Bau von Stromtrassen, Flächenversiegelung und Novellierung des Polizeiaufgabengesetzes erkennbar.

Festzuhalten bleibt, dass es sich um eine recht geringe Anzahl von untersuchten Exempeln handelt, obwohl bei der Auswahl der Spots auf eine möglichst weit gefasste Abweichung geachtet wurde. Der Zeitraum, in welchem die untersuchten Wahlwerbespots veröffentlich wurden, erstreckt sich auf insgesamt 28 Jahre – zwischen 1990 und 2018. Desweiteren sollte die Aussagekraft der Untersuchung durch die Berücksichtigung verschiedener Parteien sowie die Einbeziehung von Spots zu Wahlen auf verschiedenen Verwaltungsebenen gestärkt werden.

Die von Thurmaier und Fandrych aufgestellten Beschreibungsdimensionen für eine Textsortenanalyse haben sich bei der Untersuchung der Beispiele im Rahmen dieser Arbeit als praktikabel erwiesen, wurden jedoch an vielen Stellen mit passenden Modellen zur linguistischen Untersuchung textsortenspezifischer Phänomene ergänzt. Um die getroffenen Feststellungen validieren und generalisieren zu können, müsste eine Reihe weiterer Wahlwerbespots mit diesem kombinatorischen Ansatz analysiert werden.

Um die Aussagekraft der Kategorisierung von Wahlwerbespots als eigenständige *Textsorte* zu stärken, käme über den Rahmen dieser Arbeit hinaus eine Überprüfung von Beispielen, die nicht aus dem deutschsprachigen Raum stammen, in Betracht. Würden diese

Dieser weitergehende Vergleich würde den Blick auf inhaltliche wie formale Besonderheiten deutschsprachiger Wahlwerbung schärfen sowie die Vergleichbarkeit festgestellter Merkmale der *Textsorte* Wahlwerbespot ermöglichen.

4. Literaturverzeichnis

4.1 Forschungsliteratur

Albert, Georg (2015): *Konstruktionen in unterschiedlichen medialen Kontexten*, in: Dürscheid, Christa / Schneider, Jan Georg (Hg.): *Handbuch Satz, Äußerung, Schema*; Berlin, S. 527-550.

Brinker, Klaus: *Textlinguistik*, Heidelberg 1992.

Brinker, Klaus / Cölfen, Hermann / Pappert, Steffen: *Linguistische Textanalyse. Eine Einführung in Grundbegriffe und Methoden* (= Grundlagen der Germanistik, Bd. 29), Berlin 2018.

Fandrich, Christian / Thurmair, Maria: *Textsorten im Deutschen. Linguistische Analyse aus sprachdidaktischer Sicht*, Tübingen 2011.

Imo, Wolfgang (2016): *Dialogizität – Eine Einführung*, in: *Zeitschrift für germanistische Linguistik* (ZGL), Ausgabe: 44(3), Frankfurt am Main, S. 337-356.

Koch, Peter / Oesterreicher, Wulf (2008): *Mündlichkeit und Schriftlichkeit von Texten*, in: Nina Janich (Hg.): *Textlinguistik. 15 Einführungen*, Tübingen, S.199-216.

Kühn, Peter: *Mehrfachadressierung. Untersuchungen zu adressatenspezifischer Polyvalenz sprachlichen Handelns*, Tübingen 1995.

Maletzke, Gerhard: *Psychologie der Massenkommunikation: Theorie und Systematik*, Hamburg 1963.

4.2 Quellen

Always (1988): Reklame für Damenbinden.
YouTube, unter: https://www.youtube.com/watch?v=yG_JhPJUhVE, abgerufen am 30.03.2019.

Anarchistische Pogo-Partei Deutschlands (2018): *Grundsatzprogramm*. Bundeswahlleiter, unter: https://bundeswahlleiter.de/dam/jcr/03a07e62-3de8-404c-b8f8-1098ab29beeb/appd.pdf, abgerufen am 30.03.2019.

Anarchistische Pogo-Partei Deutschlands (1998): Wahlwerbespot zur Bundestagswahl. YouTube, unter: https://www.youtube.com/watch?v=DIoukiN1UgM&t=1s, abgerufen am 30.03.2019.

Anarchistische Pogo-Partei Deutschlands (2005): Wahlwerbespot zur Bundestagswahl. YouTube, unter: https://www.youtube.com/watch?v=Jr56Po3q5tY, abgerufen am 30.03.2019.

Ariel (1988): Waschmittelreklame.
YouTube, unter: https://www.youtube.com/watch?v=Rj0ZJ9zMSi4, abgerufen am 30.03.2019.

Bündnis 90/Die Grünen (2005): Wahlwerbespot zur Bundestagswahl. YouTube, unter: https://www.youtube.com/watch?v=HsQ6VDXpI24, abgerufen am 30.03.2019.

DIE GRÜNEN (1983): Wahlwerbespot zur Bundestagswahl. YouTube, unter: https://www.youtube.com/watch?v=4WmDip147fQ, abgerufen am 30.03.2019.

DIE GRÜNEN (1983): Zweiter Wahlwerbespot zur Bundestagswahl. YouTube, unter: https://www.youtube.com/watch?v=6cG6iqaZmjI, abgerufen am 30.03.2019.

DWDS – Digitales Wörterbuch der deutschen Sprache (o.J.): Stichwort: „*Haushaltung*", unter: https://www.dwds.de/wb/Haushaltung, abgerufen am 30.03.2019.

DWDS – Digitales Wörterbuch der deutschen Sprache (o.J.): Stichwort: „*Politikerneuling*", unter: https://www.dwds.de/?q=Politikerneuling, abgerufen am 30.03.2019.

Freie Demokratische Partei (2017): Wahlwerbespot zur Bundestagswahl. YouTube, unter: https://www.youtube.com/watch?v=tXyVdCKjldI, abgerufen am 30.03.2019.

Grundgesetz der Bundesrepublik Deutschland.

Partei mut (2018): Wahlwerbespot zur Landtagswahl Bayern. YouTube, unter: https://www.youtube.com/watch?v=pmuW_CWZG3U, abgerufen am 30.03.2019.

Sozialdemokratische Partei Deutschlands (1990): Wahlwerbespot zur Bundestagswahl. YouTube, unter: https://www.youtube.com/watch?v=Q1eqZ-MygOk, abgerufen am 30.03.2019.

Sozialdemokratische Partei Deutschlands (1994): Wahlwerbespot zur Bundestagswahl. YouTube, unter: https://www.youtube.com/watch?v=UyAVx2tCWm8, abgerufen am 30.03.2019.

Sozialdemokratische Partei Deutschlands (1998): Wahlwerbespot zur Bundestagswahl. YouTube, unter: https://www.youtube.com/watch?v=Kc_LFRY55Xo, abgerufen am 30.03.2019.

Sozialdemokratische Partei Deutschlands (1998): Zweiter Wahlwerbespot zur Bundestagswahl. YouTube, unter: https://www.youtube.com/watch?v=95VQsRPJpu8, abgerufen am 30.03.2019.

Statista Research Department: *Anzahl der Wahlberechtigten bei den Bundestagswahlen in Deutschland von 1949 bis 2017*. Statista, unter: https://de.statista.com/statistik/daten/studie/3936/umfrage/wahlberechtigte-fuer-die-bundestagswahl-im-jahr-2009/, abgerufen am 30.03.2019.

5. Anhang

Anlage 1: Transkript 1 – MUT1

((*Bayern bekommt „mut"! –* **Wahlwerbespot der Partei mut zur bayerischen Landtagswahl 2018, 1:30 Minuten))**
Quelle: https://www.youtube.com/watch?v=pmuW_CWZG3U, abgerufen am 07.01.2019.

CS: Claudia Stamm
MM: Matthias Matuschick

Szene 1: Dialog zwischen den Spitzenkandidierenden zur Landtagswahl, CS und MM
{00:00 bis 01:24}

((im Hintergrund abwechselnd eine Kapelle (bei CS) und Alpenpanorama (bei MM))

01 CS: <<schnippisch>> hey matuschke! was machstn du hier? du wolltest doch
           auswandern?
02 MM: <<verdruckst>> °hh ja, aber ich habs mir anders überlegt. ich bin der
           meinung, bayern braucht drINGEND neue politik
03 CS: ja, das stimmt deswegen haben wir mUT gegründet
04 MM: wissen die Leute, was hinter mut steckt?
05 CS: wir brauchen neue ideen bei der energiewENDE(.) Konzepte für integration
           und INklusion öffentlichen nahverkehr
                           sicherheit[spolitik   ]
06 MM: <<abfällig>>   [ratter, ratter, ratter, ratter, ratter]
07 CS: wie würdest dus denn sagen (-) politikernEULING mATUSCKE?
08 MM: wir brauchen energie aus sONNE, aus wIND, aus BIOGASanlagen (.) aber wir
           brauchen ganz bestimmt keine stRO:mtRASsen und bITTE keine
           atomkraftwerke.
09 CS: ((Daumen nach oben)) JA!
10 MM: ((geschlossene Augen)) dann mach du noch einen, kOMM!
11 CS: bayERN braucht ne gute Polizei, aber sICHER kein neues
           polizeiaufgabengeSETZ
12 MM: auch nich schlecht. bayern braucht (-) perspektI:VEN für alle die hier
           leben (.) und ganz bestimmt keine_e ANKERzentren und keine abschiebungen
           äh in krIEGSgebiete
13 CS: Bayern ist (.) wUNDERschön
14 MM: JA. aber die wiesen sind zubetoniert. und das internet draußen aufm land
           ist zu la::ng[sa:m.]
15 CS: [JA] aber bayern braucht nACHhaltige wirtschaft mit gUTer
           digitaler infrastruktur °h und wir brauchen eine faire landwirtschaft die
           gut ist zu mensch, natur UND tIER

```
16 MM: wir brau:chen (.) faire bezahlung für pflegekräfte bitTE!
17 CS: stimmt das ist sehr wichtig (.) fehlt dir sonst noch was?
18 MM: ich möchte die bildungspolitik verändern
19 CS: <<ironisch>> ja, da denkst du an deine fAST schulpflichtige tochter, he:?
          du ego[ist ]
20 MM: ((deutet mit dem Zeigefinger auf CS) [wÄH!] (--) ich bin kein egoist und
       GEnau des brauchen wir in bayern nicht nämlich egoistische Politik! bAH!

((CS und MM von nun an gemeinsam im Bild))

21 CS: ja stimmt aber wir brauchen mUT. und mut <<zur Kamera>> ist wä:hlBAR!
22 MM: (-) am vierzehnten oktober
23 CS: bei der landtagswahl.
24 MM: mUT wÄHln mit bEIden stimmen is des kla::?
```

Szene 2: Abspann – Drohnenflug über die Kandidierenden in Richtung Berge
{01:24 bis 01:30}
<<Vogelgezwitscher>>
((Eingeblendet werden Parteilogo und Slogan _„NUR LOGISCH."_, dazu das Spruchband
„ERST- UND ZWEITSTIMME FÜR MUT." sowie die Domain _„mut-bayern.de")_)

Anlage 2: Transkript 2 – APP1

((Wahlwerbespot der APPD zur Bundestagswahl 1998, 1:40 Minuten))
Quelle: https://www.youtube.com/watch?v=DIoukiN1UgM, abgerufen am 05.01.2019.

WW: Wolfgang Wendland
EW: Ehefrau Wendland

Szene 1: Straßenumfrage {00:10-00:43}

((Anmoderation durch Kanzlerkandidat Wolfgang Wendland))

```
01 WW: hier ist der appd-ganz-nah-dran-test in mehr als 5000 haushaltung
       frachten wir nach: "KENnen sie APPD?"
```

((WW klingelt an der Haustür einer Wählerin – EW))

```
02 EW: °hh ACH GOtt, bin ich überRASCHT!
03 WW: KENnen sIE schon das neue appd?
04 EW: ich KENne es nicht nur: Ich hAB es auch scho::n!
```

05 WW: und?

06 EW: ich saufe nur noch liege in der son_ne mein vakehr ist viel besser die
       arbeit is vorbei GARnicht zu sprechen von der balkanisierunk

07 WW ((hält einen Waschmittelkarton mit dem Aufdruck verschiedener anderer
       Parteien)): würden Sie appd jemals gegen diese herkömmliche ware TAUschen?

08 EW ((hält einen Waschmittelkarton mit dem Aufdruck "APPD")): mEIN APPD geb
       ich für nICHTS auf der welt mehr her!

((EW kippt einen gelben Sack mit leeren Bierdosen vor die Haustüre))

09 EW: sehen SIE? a:l_les von gestan (--) <<träumerisch>> dumm und glücklich
       dank appd

Szene 2: Abmoderation und Wahlaufruf {00:53-01:17}

10 WW: arbeit ist scheis_se saufen saufen jeden tag nur saufen (.) alles nur
sprüche oder wirkliche politik DArüber entscheiden Sie am siemundzwanzigsten
septemBER bis achtzen uhr haben Sie die Gelegenheit, die ANARchistische POGO-
partei deutschland zu wählen MAchen sie es wie dieser wähler und sie werden
glücklich sein FÜR FRIEden FREIheit und AbenTEUER appd! die anarchistische
pogopartei deutschland

Szene 3: Praxistest {01:18-01:28}

((WW als Off-Sprecher - Im Bild zu sehen: zwei Biergläser mit blauer
Ersatzflüssigkeit))

11 WW: die gesellschaft (.) dargestellt durch die blaue ersatzflüssigkeit LInks
mit appd REchts herkömmliche parteien

((YTONG-Stein wird auf das rechte Bierglas geworfen und zerstört es))

12 WW: sie sehen: das linke glas bleibt erhalten und kann zum biertrinken weiter
genutzt [werden]

Szene 4: Abspann {01:29-01:40}

((Mann nimmt linkes Bierglas aus der Szenerie und trinkt vor einer Mauer Bier
daraus))

13 Parteihymne der APPD:
       [Nie   ] wieder AR:BEIT das paradies entsteht für die balka:nisie:rung

23

deutschlands kämpft die appd

((Wahlplakat der APPD zur Bundestagswahl mit dem Slogan „*Arbeit ist Scheiße!*'" und der Aufschrift „*Die Partei des Pöbels und der Sozial-schmarotzer*'" wird eingeblendet))

Anlage 3: Transkript 3 – SPD1

((Wahlwerbespot der SPD zur Bundestagswahl 1998, 0:41 Minuten))

Quelle: https://www.youtube.com/watch?v=Kc_LFRY55Xo, abgerufen am 05.01.2019.

C: Captain
O: Offizier
OS: Off-Sprecher

Szene 1: Dialogszene zwischen Offizier und Captain {00:00-00:39}

((Raumschiff in Alarmbereitschaft))

01 O: wir sind da, captain unten sieht es gAR nicht gut aus akkumulationsgrad
       vier komma drei weiter steigend
02 C: wir dürfen keine zeit verlieren der hilfstrupp muss runter gebeamt werden

((Zu sehen sind Menschen in Raumanzügen in einem hell erleuchteten Gang))

O: akkumulationsgrad acht komma sieben weiter steigend gravitationsschmelzgefahr
   erHÖHT sich
C: BEeilt euch
O: volle ENergie
C: okay, klarmachen zum BEAmen

((Menschen in Raumanzügen im Transporterraum, einer der Transporter hat eine Fehlfunktion))

O: dIE enerGIE rEIcht nicht AU:s

((Der amtierende Bundeskanzler Helmut Kohl ist der verbliebene Astronaut, sichtlich enttäuscht und traurig))

OS: die zukunft (-) nicht JEder ist dafür geschaffen

24

Szene 2: Abspann {00:39-00:41}

<<Sonarpiepen>>

((Parteilogo der SPD, darunter der Slogan *„Wir sind bereit."*))

Anlage 4: Transkript 4 – GRÜ1

((Wahlwerbespot DIE GRÜNEN zur Bundestagswahl 1983, 2:36 Minuten))
Quelle: https://www.youtube.com/watch?v=4WmDip147fQ, aufgerufen am 15.03.2019.

OS: Off-Sprecher
FK: Fotograf Kasufke
HD: Prof. Dr. Hoimar von Ditfurth

Szene 1: Fotograf Kasufke im Wald {00:00-00:36}

((Zu sehen sind mehrere Einstellungen, wie Kasufke im Wald sein Equipment
aufbaut und einige Fotos macht))

01 OS: verwaltungsangesteller kasufke ist hobBYfotograf (.) aufnahmen in der
        freien natur li[ebt er] über alles
02 FK ((löst die Kamera aus)):
                  [OH::]

((turbulente Musik, Zeitrafferaufnahmen von Kasufke))

03 OS: sein fotolabor hat er immer dabei im labor beschreitet kasufke gern neue
        WEge jedoch immer mit lie:be und einfühlungsvermögen denn ein EINziger
        falscher handgriff kann das BEste bild ruinieren

((Kasufke entnimmt mit einem Laborkolben Wasser aus einem Fluss und gibt es
in eine Röhre mit der Aufschrift "Entwickler", Zeitrafferaufnahmen von Kasufke
im Zelt))

Szene 2: Fotograf Kasufke im Dialog mit dem Off-Sprecher {00:37-01:13}

((Kasufke steigt mit einer Schale aus dem Zelt und setzt sich auf einen
Klappstuhl))

04 FK: ahahahahaha n_nJA:: kommn se doch mal n bisschen näher (--) kuckn se mal

```
         hier is dAS nichn HE::rrlicher farbabzuch? und den entwickler den brauch
         ich gar nich mehr zu kaufen den hol ich mir direkt aus dem wasser soll
         dein bild natürlich sein tauch es nur ins bächlein rein haha
         [haha         ]
05 OS:   [nun mal halb   ]lang kaSUFke sie wollen uns
         wEIsmachen dass in einem klaren bach GIFtige chemiKA[lien sind?      ]
06 FK:                                                       [NA kla:: doch   ]
         IMmer wasser als entwicklungsHILfe
         j_[JA]
07 OS:   [be]weise KAsufke BEwei:[se ]
08 FK:                           [BE ]weis beweis ich bin doch kein experte (--)
         HA! ZUfälligerweise hab ich einen bEI mi:r (.) HERR von ditFURth kOMM se
         ma nä:HA:
```

Szene 3: Ansprache des Spitzenkandidaten von Ditfurth {01:13-02:17}

```
09 HD:((zu Kasufke)) na also ganz so schlimm ist es wohl noch nicht herr kasufke
       ((zur Kamera)) aber scherz beiseite wo gibt es denn bei uns noch einen see
       einen fluss oder bach der biologisch gesund wäre so gesund dass man sein
       wasser trinken  könnte? wies für unsere eltern großeltern noch selbst-
       verständlich war die sind doch Alle längst vergiftet von den schemischen
       abfällen unserer industriegesellschaft natürlich brauchen wir industrie
       und natürlich muss diese industrie WIRTschaftlich WIRTschaften können
       A::ber und das ist der entscheidende punkt das darf doch nicht der EINzige
       gesichtspunkt sein dass AL_lein durchschlagende argument überlegen sie
       selbst was HÄT_ten wir von weiterem wirtschaftlichen wachstum wenn es nur
       zur folge hätte dass sich unsere umwelt in eine wüste verwandelt? in eine
       wüste neuerer art in der es immernoch wasser gibt so reichlich wie zuvor
       ABer wAS_ser dAS SO verGIFtet ist dass mans nicht mehr trinken kann dass
       man nicht einmal sein ESsen mehr damit kochen kann (.) es wird hÖCHste
       zeit dass dieses argument AUch gehört wird und dass es mindestens im
       gleichen maße beachtet wird wie das bis zum überdruss wiederholte
       alleinige wachstumsargument
```

Szene 4: Abspann {02:18-02:36}

```
((Zu sehen  ist eine gezeichnete Landschaft aus Beton, die bis zum Horizont
reicht. An vielen Stellen ist die Oberfläche aufgebrochen und durch diese
Spalten wachsen an Bohnenpflanzen erinnernde Stauden in den Himmel. Darüber die
Schriftzüge: „DIE GRÜNEN IN DEN BUNDESTAG!" und „GRÜN wächst."))
```

Anlage 5: Minimaltranskript 1 – SPD2

((Wahlwerbespot der SPD zur Bundestagswahl 1990, *2:28 Minuten))
Quelle: https://www.youtube.com/watch?v=Q1eqZ-MYgOk, abgerufen am 07.01.2019.

IV: Interviewer
EB1 – EB7: Einfache Bürger*innen
OL: Oskar Lafontaine
OS: Off-Sprecher

Szene 1: Straßenumfrage unter einfachen Bürger*innen *{00:00-01:01}

01 IV: abgeschnitten *(aus dem Kontext erschlossen, in etwa: „Warum soll Oskar
       Lafontaine Bundeskanzler werden?")*

02 EB1: (???) werden. Oskar Lafontaine, er hat die besseren Ideen – meines
        Erachtens. Setzt sich ein für so meine Situation: mehr Kindergeld,
        bessere Absicherung für Frauen – auch mit Familie und Beruf. Und deshalb
        meine ich, soll er Kanzler werden.

03 EB2: Also er hat sehr viel früher als Kohl etwa gesagt: „Wir können die
        Einheit nicht aus der Portokasse bezahlen! Sondern es kostet uns alle
        Geld!"

04 EB3: Zuerst sagte Kohl: „Es gibt keine Steuererhöhung!" Dann sagte Kohl:
        „Die Abgaben werden erhöht!" Will Herr Kohl eigentlich die Bevölkerung
        verknappsen?

05 EB4: Ich finde, dass Kohl jetzt deutlich gemacht hat, was er wirklich will:
        Nämlich dass die kleinen Leute die Deutsche Einheit bezahlen sollen!
        Er hat die Katze aus dem Sack gelassen.

06 EB5: Ja, ich denk' die is' geplatzt. Da brauch' man inzwischen zur Steuerlüge
        nich' mehr viel sagen. Ich denke, dass sollte inzwischen jedermann klar
        sein, dass der Oskar Lafontaine da etwas gesagt hat, was richtig war.

07 EB6: Wenn isch jetz' höre und sehe, dass Kohl auch an unsere Rente heran
        will, dann finde ich das als Sauerei!

08 EB7: Tja, der Oskar Lafontaine: Zu dem habe ich Vertrauen!

27

Szene 2: Ansprache des Kanzlerkandidaten Oskar Lafontaine *{01:02-02:21}

09 OL: Jetzt ist die Steuerlüge geplatzt! Da hilft auch nicht mehr weiter, dass
Helmut Kohl jetzt von Abgaben sprischt. Scherzhaft könnte man sagen: „Wir
brauchen in Zukunft keinen Steuerberater, sehr wohl aber einen
Abgabenberater!" Worum geht es? Es geht um die sozial-gerechte
Finanzierung der Deutschen Einheit.

Wir schlagen vor:

* Verzicht auf die Unternehmenssteuersenkung in der Größenordnung von
  25 Milliarden D-Mark
* Korrektur des Einkommenssteuertarifs mit dem Ziel, dass die höheren
  Einkommen einen Beitrag zur Deutschen Einheit leisten müssen
* Senkung der Verteidigungsausgaben: 10 Milliarden müssen im ersten
  Anlauf eingespart werden
* und Veräußerung des Vermögens der Blockparteien. Es geht nicht an, dass
  sich auch CDU und FDP an dem dem Volk gestohlenen Vermögen bereichern
  wollen!

Die Pläne der Bundesregierung sind abenteuerlich:

* Griff in die Rentenkasse
* Erhöhung der Beiträge zur Arbeitslosenversicherung
* Mehrwertsteuer
* Autobahngebühren

Das würde in erster Linie die kleinen Leute treffen! Und das wäre
besonders hart für die Menschen in der ehemaligen DDR, denn dort sind
die Löhne und die Renten viel niedriger als in der alten Bundesrepublik.

Es geht also bei dieser Wahl um soziale Gerechtigkeit! ((Zoom auf den
Kandidaten, um Nähe herzustellen)) Sie entscheiden darüber, wie die
Deutsche Einheit in Zukunft finanziert wird!

Szene 3: Abspann *{02:22-02:28}

((Parteilogo der SPD, darunter eingeblendet: zwei symbolische Wahlkästchen, die angekreuzt werden. Darüber eingesprochen: Wahlaufruf eines Off-Sprechers))

10 OS: Beide Stimmen für die SPD! Damit Oskar Lafontaine gewinnt!